石仙 시집

石仙 시집
초판 1쇄 발행 / 2014년 6월 20일

저 자 / 石仙
발 행 / 돌나라출판사
주 소 / 경북 문경시 농암면 백합동2길 6-9
등 록 / 제8-44호
전 화 / 1644-7013, 054-571-7356
홈페이지 / www.doalnara.com

ⓒ石仙 2014
ISBN 978-89-952572-3-4 03810

* 이 책은 돌나라출판사가 저작권자의 계약에 따라 발행한 것이므로
  내용의 전부 또는 일부를 재사용하려면 서면 동의를 받아야 합니다.
* 돌나라닷컴(doalnara.com)에서 시인의 작품을 더 만나 보실 수 있습니다.
* 잘못된 책은 바꾸어 드립니다.

石仙 시집

詩人 소개

  石仙 시인은 1943년 충남 보령에서 출생하여 한평생 아가페 사랑을 베풀면서 올곧게 실행하고 가르친 큰 스승이다.

  석선 선생이 이룬 업적은 헤아릴 수 없이 많지만 대표적으로 몇 가지 꼽아 보면 우선, 영원히 망하지 않는 나라〈돌나라〉를 설립하였다. 또한 국제 세미나를 열어 하늘의 무한대한 진리들을 꺼내어 어린아이도 깨달아 알 수 있도록 쉬운 언어로 설파하였다. 이를 통해 누구나 꿈꾸어 온 세상, 유토피아 천국이 무엇인지 분명한 비전과 능력을 보여 주었다.
  그리고 하늘의 법 십계(十誡)를 敬天愛人(너는 너를 낳아 주신 하늘 부모님을 마음으로 사랑해 드리고 네 형제들과 싸우지 말고 행복하게 잘살아라)으로 간단하게 풀어 선생 자신이 생애로 실천하는 모본을 보여 줌으로 죄인들을 생각으로도 죄를 범치 않는 성자의 마음으로 새롭게 변화시켰다. 이리하여 불효자가 효자로, 불화했던 가정이 행복한 소천국으로 바뀌었다.

또 석선 선생은 무너져가는 현시대의 교육을 안타까이 여겨 청소년들이 왕따 폭력, 음주 흡연 없이 행복하게 배움의 길을 걷도록 돌나라예능학교(초, 중, 고)를 설립하였고, 병이 없는 건강한 세상을 만들고자 유기농이라는 말조차 생소하던 시절에 농약이나 화학비료를 쓰지 않는 무공해 농사단지를 전국 10여 곳에 세웠다. 나아가 식량안보와 식품안보의 중요성을 일반 국민에게 널리 알리는 〈대한민국지키기〉 운동을 현재 펼치고 있고, 이미 브라질에 4천만 평의 식량전진기지를 포함하여 10여 개국에 유기농 해외농장을 건립하였다.

더 경이로운 사실은 2억 5천만 이상의 성(姓)으로 갈라진 인류를 하늘 아버지의 성씨인 하나님 천(天)씨를 써서 천씨일가(天氏一家)로 통일하여 단번에 지구는 하나, 인류는 한 가족으로 회복하였다. 그리고 악마의 본성인 이기심 욕심 때문에 전쟁과 빈곤으로 얼룩진 이 지구상에 석선 선생은 가게 주인이 없어도 누구나 마음대로 가져다 쓰는 유무상통(有無相通) 돌나라마트를 탄생시켜 한 주머니 한 살림으로 함께 나누어 쓰고 이웃 형제끼리 자기의 재능으로 봉사하여 다시는 싸움이나 가난이 없는 행복한 이상향을 건설하였다. 뿐만 아니라 돌나라에서는 회장(會長) 같은 직함을 회제(會弟)로 칭하는데 이는 직위가 높을수록 친형제들을 더 받들어 섬기라는 뜻에서 '우두머리 장(長)' 자가 아닌 '아우 제(弟)' 자를 씀으로 직책은 있지만 직위는 없는 무아(無我), 무욕(無慾)의 아름다운 삶의 향기를 발하고 있다.

이 밖에도 건강 강의로 현대인의 식탁을 신선 식사로 개혁하고 2개의 천연치료소, 5개의 신선집(양로원), 보이는 하나님이신 부모님을 받들어 섬기는 〈부모효도하기운동〉 공익단체, 55만 독립군의 후손을 보살펴 모국으로 초청하고 위문공연단을 파견한 〈고려인돕기운동본부〉를 개설하는 등 이론만 중시하는 사상가가 아니라 철저한 실천가이다.

이렇게 다양한 단체를 창립하였고 지금도 활발하게 활동하면서도 선생은 단 한 번도 자기 이름을 드러내 대표자로 나타낸 적이 없는 세상을 초월한 현대판 신선으로 오늘도 속리산 자락에서 水石松竹月 천연계 친구들을 벗 삼아 소박하게 살고 있다.

여러 날을 이야기해도 다 말할 수 없는 시인의 생애와 마음을 이 책을 통해 만나 사귐으로 당신도 세상을 초월한 삶을 사는 신선의 한가로움을 갖는 이가 되기를 바란다.

— 발행인 이준명

석선 시집

차 례

제1부

사랑의 찬가　015
아름다운 참사랑　016
너 사랑아　018
불화 없는 행복한 가정　020
아빠가 가장 행복하실 때　021
백조의 일생　022
무엇이 참사랑인가?　025
神들의 사랑　026

제2부

너는 흙이 되어라　031
바다는 웃는다　035
水石月 되어라　036
산　037

바위 위의 소나무야 039
낙엽이 되리 041
옛 신선집에 찾아가 042
설악산 친구들 043
동해 바다 046
별님들의 사랑 048
아름다운 탐라국 049

제3부 ─

나는 너를 낳은 친아빠란다 053
당신의 태양빛을 058
당신의 입김을 060
선구자들 가신 길 062
아빠가 다 아시는데 063
주님의 무덤에 나란히 064
대집회 가는 날 066
아빠의 뜻을 이루신다면 068

나는 최선을 다했노라 069
황태자 070
神의 하루 일기 071
사라진 신선님 072
제단에 오르는 어린양 074
무극의 경지에 날리 080

제4부 ──

귀머거리 소경 083
인간의 행복은 어디에 084
욕심 악마 086
식욕(貪食) 088
색욕(性慾) 090
참道의 경지와 거짓 道의 경지 092
불쌍한 인간들 094
옥(獄) 속의 양(羊)떼들 095
헛된 인간사 096

전능하신 창조주 하나님　098
진리는 영원히 빛났다　100

제5부

용서의 義　103
아들에게 주는 좌우명(座右銘)　104
사랑하는 아내에게 바치는 글　106
오늘 하루만 승리하라　108
십계천국 주신 아빠께 감사　110
돌나라 한농복구회여　113
다 이루었다　116
새 세상의 주인들　118

1부

사랑의 찬가

사랑아
네가 어찌 그리 아름다운지
어찌 그리 화창한지
쾌락하게 하는구나
　　　　　　- 雅歌 -

아름다운 참사랑

아름다운 사랑은 상대가 사랑하기 전
먼저 사랑하는 것이요
아름다운 사랑은 상대가 거절할 때도
여전히 사랑하는 것이요
아름다운 사랑은 상대가 미워하여도
상대를 사랑하는 것이요
아름다운 사랑은 상대가 악하게 대하여도
상대를 선대하는 것이요

아름다운 사랑은 상대를 지배하려는 것이 아니요
상대에게 지배받는 것이요
아름다운 사랑은 상대를 붙잡는 것이 아니요
상대를 고이 보내 주는 것이요
아름다운 사랑은 상대를 정복하는 것이 아니요
상대에게 정복당해 주는 것이요
아름다운 사랑은 상대에게 요구하는 것이 아니요
상대에게 주는 것이요
아름다운 사랑은 상대에게 상처를 주는 것이 아니요
상대에게 상처를 입는 것이요
아름다운 사랑은 상대를 배신하는 것이 아니요
상대에게 배신당하는 것이요

아름다운 사랑은 떠나 버린 상대를 위해
눈물로 축복해 주는 것이요
아름다운 사랑은 떠나 버린 상대를 못 잊어
홀로 우는 것이요
아름다운 사랑은 떠나 버린 상대를 못 잊어
통곡하는 것이요
아름다운 사랑은 떠났던 상대가 돌아와 줄 땐
지난날의 잘못을 다 용서해 주는 것이요
아름다운 사랑은 떠났던 상대가 돌아와 줄 땐
반가워 뛰어나가 영접하는 것이요

아름다운 사랑은 자신을 위해 살지 않고 오직
상대만을 위해 사는 것이요
아름다운 사랑은 상대를 위해 모든 것들
자기의 생명까지 내주는 것이 아름다운 사랑이라오

너 사랑아

사랑아
너는 어찌 그리 아름다우며
너는 어찌 그리 고우며
너는 어찌 그리 거룩하며
너는 어찌 그리 매력적이냐

사랑아
너는 어찌 그리 매력이 넘치느냐
달님도, 별님도, 해님도, 꽃님도
너의 매력 앞에는 모두들 무색하니 말이다
하나님도 천사도 우리도 모든 만물이
너의 매력 앞에는 모두들 반해 버리니 말이다

사랑아
너는 어찌 그리 힘도 장사이냐
불같은 질투도, 지옥불 같은 시기도,
노도 같은 성냄도
네 앞에서는 양같이 순해지고
안개같이 사라지니 말이다
너의 큰 힘 앞에는
아무리 큰 도적도, 대적도, 악마 귀신들도

여지없이 항복하고 무릎을 꿇으니 말이다

사랑아
하나님의 보좌와 우주를 붙들어 받치고 있는
너의 위대한 힘이여
영원히 줄지 않고 오히려 넘쳐 증대되는
너의 큰 힘이여!
네 위대한 근력!
네 위대한 능력이여!
영원하고 영원하고 영원하여라

나는 너의 아름다움, 너의 매력, 너의 행복,
너의 큰 힘을 영원히 높여 찬양하리라

불화 없는 행복한 가정

불화 없는 행복한 가정은 진주보다 더 귀하여라
그곳은 생수가 솟아나는 옹달샘처럼
사랑이 솟아나는 행복의 소천국
엄마 아빠 누나와 나의 행복의 보금자리
아무리 비천해도 아무리 가난해도
그곳은 사랑이 넘쳐 천사들이 찾아드는 곳
세상에는 없는 행복의 소천국
불화 없는 행복한 가정은 진주보다 더 귀하여라

아빠가 가장 행복하실 때

아빠가 제일 기뻐하실 때가 언젠지 아시나요
그것은 우리가 형제끼리 서로 사랑할 때라오
아빠가 제일 좋아하실 때가 언젠지 아시나요
그것도 우리가 형제끼리 서로 사랑할 때라오
아빠가 제일 행복해 하실 때가 언젠지 아시나요
그것도 우리가 형제끼리 서로 뜨겁게 사랑할 때라오

백조의 일생

백조는 오직 새끼 위해 알을 품다가
젊은 날의 앞가슴 예쁜 털도 다 빠져 버렸고
백조는 이제 갓난 새끼들 위해
멀리 고기를 잡으러 떠났다네

그러나 그물도 낚시도 없이
입으로만 고기를 어떻게 잡나
온갖 힘 다 기울여 간신히 고기를 하나 잡고 보니
먹음직도 하구나
오랫동안 굶주리고 지친 엄마의 창자
고기가 먹고 싶어 군침이 나오지만
집에 두고 온 새끼들 생각에
엄마는 그냥 가지고 집에 돌아온다네

새끼들만 먹이고 자기 배 제대로
채우지 못한 엄마 백조
이렇게 여러 날 동안 새끼를 키우고 나니
엄마 백조는 마를 대로 마르고
쇠약할 대로 쇠약해져 버렸다네
그러기를 한 배, 두 배, 세 배 ……
새끼를 몇 해를 키우고 나니

엄마 백조는 기진맥진 만신창이가 되어 버렸다네

추운 겨울 오기 전에
수만 리 남쪽 나라 옮겨가 살아야 하는데
엄마 백조는 힘이 없고 어지러워 갈 수가 없다네

엄마 백조는 새끼들 모아 놓고
상냥하게 억지로 미소를 지으며 작별하기를
"얘들아, 엄마는 이곳에 남아 혼자 살 테니
너희들은 저 따뜻한 남쪽 나라에 가서 형제끼리
싸우지 말고 서로 사랑하며 오래오래 행복하게
잘들 살려무나" 거듭거듭 타일렀다네

새끼들 떠나보낸 엄마 백조는
며칠 남지 못한 자기 생명 위하여
찬 서리 홀로 맞으며 연못가 논두렁
힘없이 끼웃거리며 먹이를 찾다가
아무도 모르는 언덕 밑에서 마지막 새끼들
잘되기만을 오직 빌고 또 빌면서
조용히 고개를 숙이고 숨을 거두었다네
그러나 새끼들은 뒤에 남은

엄마는 생각지도 아니하고
저희끼리 깔깔대고 웃으면서 노래하고 춤추며
자기들만의 행복을 찾아서 멀리멀리
남쪽 나라로 모두들 날아가 버렸다네
뒤에 남은 엄마는 이미 숨진 것도 모르고서

눈을 감고 앉아 있는 엄마 백조는
평생을 자식 위해 먹지 못한 텅 빈 배
그러나 가슴은 자식 위한 사랑
한 아름 가득히 안고서
만족한 미소 머금고 앉아 있는
거룩한 백조 엄마의 모습이여

이것이
아름답고 사랑 많은 백조 천사의
거룩한 일생이라오

무엇이 참사랑인가?

사랑 사랑 사랑
무엇이 참사랑인가
우리 아빠같이 보이지 않게 하는 사랑이 참사랑이지

무엇이 참사랑인가
우리 아빠같이 보이지 않게 울며 따라오시는 것이 참사랑이지

무엇이 참사랑인가
우리 아빠같이 말없이 소리 없이 돌봐 주는 것이 참사랑이지

무엇이 참사랑인가
우리 아빠같이 멀리서 축복해 주고 아낌없이
다 주는 것이 참사랑이지

무엇이 참사랑인가
우리 아빠같이 끈질기게 따라와
자식 위해 죽음으로 희생하는 것이 참사랑이지

무엇이 참사랑인가
우리 아빠같이 자식과 같이 울고 고통하시고
그리고 같이 죽는 것이 참사랑이지

神들의 사랑

神들만이 가질 수 있고
神들만이 할 수 있고
神들만이 누릴 수 있는
神들의 사랑

神은
남의 행복
남의 즐거움
남의 기쁨
남의 축복만을 위하여
오직 존재하여 살아간다

神의 사랑은
상대의 행복
상대의 즐거움
상대의 기쁨만을 위하여
바쳐지는 거룩한 사랑
무아적 사랑
숭고한 사랑이다

이 사랑 안에는

자신을 위한 욕심도
자신을 위한 이기심도
자신을 위한 탐심도 없다
그저 상대의 행복만을 위하여
바치고 가는 거룩한 사랑이다

그 사랑엔
아까움도 후회도 아무것도 없다
그저 상대의 행복만을 위하여
모든 것을 바치고 기뻐할 뿐이다

이 神들의 사랑은
오직 神이 된 이들만이 알 수 있고
神이 된 자들만이 할 수 있는
거룩한 사랑이다

이 神들이 하늘로 떠나가 버리면
神들의 사랑도 이 세상에서 자취를 감춰 버린다

그러나 하늘로 올라간 神들은
그곳에서 하나님과 천사들과 같이

그 사랑을 영원토록 하게 된다

이 神들의 사랑을
하나님은
그토록 기뻐하시고
그토록 좋아하시고
그토록 사랑하시고
그토록 축복해 주신다

이 사랑이
하나님과 인간의 영원한 생명
곧 永生이다
이 세상도 정욕도 모두 다 지나가되
이 거룩한 神들의 사랑만은
영원토록 존재하며 더욱 깊어만 간다

2부

너는 흙이 되어라

사랑하는 내 아들아
너는 흙이 되어라
내가 다시 말하노니 흙이 되어라
오직 흙이 되어라

밟히고
으깨이고
물에 적시우고
햇빛에 말리우고
빠워서 날리고 버릴지라도
말없이 날리고 버림당하는
너는 흙이 되어라

괭이로 파고
삽으로 찌르고
쟁기로 갈고
쇠스랑으로 찍고 부수어도
모든 것 참고 견디는
너는 흙이 되어라

호미로 파고

삽으로 파서
곡식을 심고
나무를 심어도
말없이 곡식을 길러 주고
말없이 나무를 길러 주는
너는 흙이 되어라

소가 밟고
개가 밟고
돼지가 밟고
새들이 밟고
인간들이 밟아도
모두 다 참고 견디는
너는 흙이 되어라

짐승이 똥을 싸고
인간들이 똥을 싸고
새와 곤충들이 오물을 싸대도
말없이 참고 받아 주는
너는 흙이 되어라

짐승이 굴을 파고
사람이 굴을 파고
뱀들이 굴을 파고
쥐들이 굴을 팔지라도
아프다 아니하고 조용히 당해 주는
너는 흙이 되어라

억만 나무들이 뿌리를 박고
만 가지 풀들이 뿌리를 박고
인간들이 샘을 파서
빨아먹고 또 빨아먹을지라도
말없이 빨리고 빼앗기는
너는 흙이 되어라

온 세상 동물들이 내놓는 독소들
인간들이 내놓는 독소들
공장과 차들이 내놓는 독소를
말없이 다 받아먹고 삼킨 후
좋은 영양만 내놓고
좋은 채소와 열매만 내놓아
만민과 생물들을 대접해 주는

너는 흙이 되어라

온 세상 동물이나
온 천하 식물이나
온 세상 인간들이
흙을 떠나 흙 없이는 살 수 없듯이
너 없이는 세상이 살 수도 존재할 수도 없는
너는 흙이 되어라

온 세상 초목이 흙 없이는 열매 맺을 수 없고
온 세상 동물들이 흙 없이는 새끼를 낳아 기를 수 없고
온 세상 인간들이 흙을 떠나서는
자식을 낳아 기를 수 없듯이
너로 인해 만물들이
열매 맺고 씨 퍼뜨리고 행복을 얻는
너는 흙이 되어라
영원히 흙이 되어라

바다는 웃는다

바다는 웃는다
바다는 날이 좋아도 웃고
날이 궂어도 웃고
비가 와도 웃고
눈이 와도 웃고
바람이 불어도 웃는다

바다는 사람들이 싸워도 웃고
사람들이 춤을 추어도 웃고
바다는 나라들이 싸워도 웃고
나라들이 화친을 해도 웃는다

바다는 마음이 넓다
바다는 마음이 깊다
그래서 바다는 모든 것을 용서하고
모든 것을 사랑하고 웃어만 준다

아름다운 우리 나라 돌나라 백성들은
모두 다 바다의 마음을 가진
아름다운 성민(聖民)들이다

水石月 되어라

환경에는
냉담한 바위가 되어라

역경에는
흐르는 물이 되어라

어두운 밤세상에는
드높이 떠 비추는 달이 되어라

산

산 산 산
산은 세상에서 가장 아름다운 친구이다
산은 마음이 너그럽고 온유하며
사랑이 변하지 않는 친구이다
산은 하늘 아빠만큼이나 넓은 사랑과
거룩한 마음을 가진 친구이다
그래서 사람도 동물도 나는 새들도
모두가 산이 좋아서 산만 찾아간다
세상에서는 서로들 싸우다가도
산에만 가면 서로들 반가워 좋아하며 사랑한다
그리고 합창으로 기쁨의 노래들을 부른다
모두가 산에만 가면 걱정 근심이 사라지고
마음들이 산을 닮아 착해지고 거룩해진다
그러나 산들만 떠나면 또다시 서로가 싸우고
미워하고 죽이는 원수들이 된다

오, 아름다운 친구 산
오, 거룩한 친구 산
산은 영원한 평생을 살아오며
단 한 번도 성낼 줄을 모르는
선한 친구이다

또한 절개는 얼마나 곧은지
죄악과는 조금도 타협함이 없는
거룩한 친구이다
어리석은 인간들은 타락하여 수천년
죄악의 때가 묻고 또 묻어 왔지만
산은 오직 홀로 지금까지
타락의 때가 묻지 않은 유일한 친구이다
죄악 세상에 살면서도 죄나 타락 같은
단어조차 모르는 거룩한 친구 산
그래서 하나님도 사람(신선)도 동물들도
모두가 다 산을 좋아하고, 산을 사랑하며,
산과 함께만 산다

오, 산 아름다운 친구
이 산이 우주 안에 없었다면
사람과 만물은 어떻게 되었을까
산 친구를 주신 하늘 아빠께
영원한 감사를 드리노라
나, 산 친구와 함께 살면서
영원히 죄와 상관없는 거룩한 영생을 누리리라

바위 위의 소나무야

바위 위의 소나무야
외로운 한 그루 소나무야
너는 사철 무엇 먹고산단 말이냐

흙이 있어 먹겠느냐
물이 있어 마시겠느냐
흙도 물도 없으니 무엇 먹고산단 말이냐

마른 봄 건조기는 무엇을 마셨으며
여름철 불볕 때는 어떻게 살았더냐
가을철 쓸쓸한 밤엔 누구와 이야기하며
겨울철 눈보라엔 어떻게 견디었더냐

그래도 너는 한마디 불만도 없이
그래도 너는 한마디 불평도 없이
그래도 너는 한마디 짜증도 없이
외롭고 가난하고 험난한 그 환경에서
위태하고 배고프고 고독한 그 환경에서
외로운 내색이나 가난한 내색은커녕
고독한 내색이나 배고픈 내색은커녕
항상 미소하며 남만 행복케 하여 주니

하늘의 천사인들 너 같은 마음을 가졌으랴
세상에 너 같은 천사 또 어디 있으랴

나만은 너의 영원한 친구가 되어
나만은 너의 영원한 동무가 되어
영원히 영원히 너와 함께 바위에서 살고파라

낙엽이 되리

세상은 크고 잘난 나무들을 칭찬해 주고
아름답고 탐스런 열매들은 칭찬해 주지만

그들을 키워 주고 완숙시키기 위해
죽기까지 자기를 희생한 피멍이 든
낙엽을 칭찬해 주는 이는 하나도 없구나

나 또한 세상에 대하여
한 잎 낙엽 되어 사라지리라
나도 한 잎 낙엽 되어 가리라

옛 신선집에 찾아가

속세를 벗어나 옛 신선집에 이르니
산수는 변함없으되 옛 신선은 보이지 않네
신선님 살던 집과 과목들은 여전히 서 있는데
신선님은 살며시 자취를 감추셨네

금강산으로 숨으셨나 구름 타고 오르셨나
애타게 보고파서 찾아온 나의 선배님이여
큰 소리 외쳐 봐도 응답이 없으시구나

노래하며 흘러가는 벽계수에게
선배님 계신 곳 간절히 물어보니
그렇잖아도 자기도 지금
선배님 찾아가는 중이라고
총총히 대답하며 바쁘게 가는구나

벽계수야, 벽계수야
부디 내 선배님 계신 곳 알게 되거든
나에게 버들잎 엽서 한 장 띄워 보내 주려무나
나 또한 선배님 따라 이 속세를 떠나서
거룩한 곳에 가서 영원히 살리로다

설악산 친구들

형제들과 아침 일찍이 설악산에 오르니
속세의 인간들에게 시달려 지쳐 버린
설악산 친구들

보기 싫다, 만나기 싫다, 안개 홑이불 뒤집어쓰고
속상하여 잠만 자던 설악산 친구들
뒤늦게 황태자님 일행 행차하니
기뻐 외치는 산울림 소리에 놀라 깬 설악산 친구들
안개 홑이불 박차고 모두들 일어나는구나
이 산 저 산 깨워 주기 위해 서로 전달하는 말
"황태자님 행차시다 황태자님 행차시다"
저마다 안개 홑이불 걷어차고 일어나서
손을 흔드는구나

유난히 키가 큰 잠꾸러기 바위 친구들
황태자님 얼굴 한번 보기 위해
긴 고개 내밀어 끼웃끼웃하는구나
그래도 잘 안 보이니 앞에 바위보고 하는 말
"당신 머리 때문에 안 보이니
너무 고개를 쳐들지 말아 주오."
"까치발 딛지 말고 고개 좀 숙여 주시구려."

앞에 섰던 바위가 대답하는 말
"미안합니다. 앞에 서 계신 바위 양반이
내 키보다 더 크니 나도 잘 안 보인답니다."
온 설악산들의 환호성은 점점 더 커진다

뜨거운 환영을 한 몸에 받으면서 내려오다가
오색 약수터에 들러서 약수를 한 잔 들자 하니
본향 찾아가는 물들이
기뻐 손 흔들어 주는 모습들
마음이 기쁘고 상쾌하여 앉았노라니
눈치 빠른 다람쥐 소녀 잽싸게 바위 무대 위로
올라가서 소리 높여 목청 높여
환영 노래 한 곡조 불러 주는구나

노래는 다 끝났는데 왜 내려갈 줄 모르는가
떠나가는 우리를 바라보면서
석별의 정 잊지 못해 바위 무대 위에
그대로 서서는 이마에 손을 얹고 넋을 잃고
바라보는 예쁜 다람쥐 소녀
끝까지 바라보며 두 손으로
눈물 닦는 예쁜 다람쥐 소녀

이래서 사랑과 정은 병이라 하였더구나

드디어 황태자 일행은 환영 나온
동해 바다 환영 군중 속에 파묻히다

동해 바다

바다야
바다야
환영 나온 동해 바다야

너 무엇이 내가 그리 반갑길래
그토록 손들고 엎어지면서 달려 쫓아오느냐
너는 수천년 동안 슬픈 일, 속상한 일, 한 맺히는 일
너처럼 많이 당한 이
이 하늘 아래 또 누가 있겠느냐

인간들은
네게 와서 싸우고
네게 와서 피 흘리고
네게 와서 죽어 떠다니고
네게 와서 핵실험하여
네 가족들 다 죽여도

그래도 너는 그런 것, 저런 것
다 용서해 주고 다 잊어버리고
그저 덩실덩실 춤을 추며 웃음으로 넘겼지
너 숱한 슬픈 일 당하고도 말없이 웃으니

내 벗인가 하노라

하늘의 하나님은 네 마음 아시고
너를 칭찬하사 상 주시며
저 하늘 유리 바다로 데려가신단다
너와 나는 저 하늘
유리 바다에서 영원한 친구 되어
위로의 하나님, 사랑의 하나님과
영원히 영원히 함께 살자꾸나

별님들의 사랑

사랑스런 나의 별님
변함없는 나의 별님은
할 말은 온 하늘에 다 수놓아도 못다 놓지만

애절한 사랑
기막힌 사연
온 하늘에 쓰기도 부족하여서
아이에 말 아니하고

보고 미소로만
보고 웃음으로만
가슴속 깊은 사랑
마음속 끝없는 사랑

속삭여 고백을 한다오
천만년을 두고두고
억만년을 두고두고

우리는 영원히 영원히
말없이 뜨겁게 사랑한다오
말로써 표현하기란 너무나 부족하기에 …

아름다운 탐라국

아름다운 태평양 파란 물결 위에
얌전히 떠 있는 조용한 제주도 탐라 왕국아
찬란한 하늘 영광만을 따라서 열심히 하늘로 뛰어가는
엄마 토끼 동방 신선국 엄마 손을 놓칠세라 잃을세라
꿈길 따라 전설 따라 열심히 숨을 몰아쉬며
따라 달려온 아기 탐라국아

너는 어찌 그리 엄마를 꼭 닮아, 비록 몸은 작아도
볼수록 예쁘고 아름다우냐
한라산은 백두산 엄마를 닮아
기골이 장대 위풍도 당당하고,
둘러 있는 바다는 또한 동해 엄마를 닮아
항상 미소하며 춤을 추는 것이
하늘의 선녀들이 따를 수 있겠으랴

기암성 수비진은 어찌 그리 철통같아서
눈을 부릅뜬 아흔아홉 용사들이 주야로 지켜 대니
부도덕 귀신, 서양 귀신들이
어찌 감히 우리 신선국에 발인들 들여놓겠느냐

너 기암성 용사들아
끝까지 굳게굳게 지켜서
거룩한 빛의 나라 동방 신선국
영원히 거룩하게 보존하려무나
그럼 아름다운 탐라국아, 사랑스런 탐라국아
잘 있거라, 잘 있거라

3부

나는 너를 낳은 친아빠란다

"너는 내 아들이라 오늘날 내가 너를 낳았도다"
(시2:7)

나는 네 하나님 여호와 너를 내 몸으로 낳아서
기르고 예뻐하는 네 친아버지란다
나는 네 말이라면 무엇이든지 다 들어주고
나는 네 요구라면 무엇이든지 다 채워 주고
나는 네 기쁨이라면 무엇이든지 다 주선해 주고
나는 네 행복이라면 무엇이든지 다
천가지 만가지라도 들어주려고 기다리고 있는
네 하나님 여호와 네 친아버지시란다

너는 무엇이든지 내게 구하라 내가 시행하리니
너희가 무엇이든지 구하는 것을 내가 주리라
내가 다시 말하노니
너희가 무엇이든지 마음에 원하는 대로 구하라
네 마음에 얻고 싶은 것, 소유하고 싶은 것,
쓰고 싶은 것, 하고 싶은 것, 누리고 싶은 것
무엇이든 구하라
너희가 무엇을 구하든지 내가 다 시행하리니
나는 네 하나님 여호와 너를 낳은 친아버지시란다

의심하지 말고 아빠를 믿어라
안심하고 아빠를 믿어라
나는 너를 낳아 기르는 네 친아버지
결코 네게 거짓말을 할 수 없는 친아빠란다

나는 네 마음의 소원이라면 네 마음의 요구라면
네 최고의 기대 이상을 넘치게 성취시켜 줄 것이다
하늘과 땅에 무엇이든지 얼마든지 말이다

너는 내가 가장 사랑하는 내 아들(딸)이기 때문에
네 요구에 대하여서는 나는 결코 무관심하거나
못 들은 척하거나 모르는 척하지 않고
네 소원이라면 한순간도 잊을 수도 없고
빠뜨릴 수도 없단다
오히려 너는 잊을지라도
나는 내 마음에 소중히 간직하였다가
네가 가장 기뻐하고 필요할 때와 장소에서
넘치게 넘치게 채워 주는 아빠시란다

너는 나를 믿어라
나는 너를 세상 곧 이 우주 하늘에 낳아

사랑으로 기르는 친아빠시란다
아빠는 네 어떤 소원이든 들어주지 못할 것이 없고
어떤 능치 못할 일이 없는
전능하신 하나님 우주 창조자시란다

사람이나 천사들로서는 감히 할 수도 없고
마음먹어 볼 수도 없는 어떤 불가능한 일이라도
아빠는 다 쉽게 할 수 있단다
아빠는 죽어 썩어 없어진 자라도 살려내고
없는 것도 부르면 나오는 아빠시란다
그러니 너는 무엇이든지 아무것이고 내게 구하라
아빠는 네가 무엇을 구하든지 어떤 요구를 하든지
왜 그런 것을 구하느냐고 편잔을 주거나
야단을 치거나 꾸짖지도 아니하고
오히려 수천년간 굶주리고, 헐벗고,
가난과 추위 속에서 매 맞고 피눈물을 뿌리며
원수에게 설움만 받고 다니던
너에게 무엇이든지 주고 싶어서
애태우는 아빠시란다

그러므로 네가 무엇을 갖고 싶어하든지

무엇을 얻고 싶어하든지
아빠는 네 소원이라면 무엇이든지
네 요구와 소원에
넘치게 채워 주고 싶어서 기다리는 네 친아빠
우주에 가장 부자시고 가장 능력 많으신
우주 임금님이시란다
오히려 네가 아무것도 구하지 않고
가만히 앉아 있는 것이
아빠 마음은 더 아프고 조급하고 애태우게 된단다

사랑하는 내 아들(딸), 내 귀염둥아
너는 무엇이든지 내게 구하라 그러면 주리라
너는 구하는 것마다 얻게 되리니
너의 기쁨이 충만 충만하리라
네 행복은 날이 갈수록, 세월이 흘러 갈수록
더욱더 커져 가리라

나는 네가 예쁜 입과 예쁜 손을 벌려
내게 무엇을 구할 때에
내 마음은 너무나 기쁘고, 너무나 자랑스럽고,
너무나 행복하여 아빠 된 보람과 행복을 느낀단다

네 기쁨은 내 기쁨이요,
네 즐거움은 내 즐거움이요,
네 행복은 곧 나의 행복이란다
또한 네 슬픔은 내 슬픔이요,
네 가난은 내 가난이요,
네 부족은 내 부족이요,
네 궁핍은 내 궁핍이요,
네 불행은 내 불행이란다
그래서 나는 네가 무엇이든지 구하여
행복하게 살길 바란단다

나는 네 하나님 여호와 네 친아버지
나는 네 행복과 네 소원과 네 필요와 네 요구라면
무엇이든지 다 들어주기 위하여 기다리고 있는
네 하나님 여호와 네 친아빠시란다
지금까지는 네가 마음 놓고 구하지 아니하였으나
이제부터는 무엇이든지 마음 놓고 구하라
그리하면 받으리니 너의 기쁨이 충만 충만하리라
너희가 무엇을 구하든지 내가 다 시행하리라
이 아빠가 다 넘치게 네게 주리라
넘치게 네게 주리라

당신의 태양빛을

사랑의 태양
나의 아빠

저주받은 죄악의 싸늘한 대지 위에
아버지의 사랑의 햇볕 내려 비춰 주옵소서

기나긴 육천년의 겨울 혹독한 추위 속에
눈보라 폭풍 맞아 시달린 가지들 위에
아버지의 사랑의 햇볕 내려 비춰 주옵소서

오그라진 가지마다 중생의 잎 피어나고
말랐던 가지마다 성화의 꽃 피어나네

그윽한 향기는 우주에 가득하고
가지마다 탐스런 생명과(生命果) 주렁주렁

허기져 쓰러진 온 세상 만민들
모두들 일어나 마음껏 따먹누나

온갖 나비 예쁜 새들 춤추며 날아들고
하늘의 천사들 기쁜 노래 불러오네

소생한 만민들 아버지 찬양 드높아라

눈보라 겨울은 자취를 감추었고
저주받은 흔적은 간데온데없어라

고마우신 의(義)의 태양 우리의 아빠께
천지 만물 찬양 소리 행복 물결 넘치어라

사랑의 태양
영원하신 우리 아빠
영원히 영원히 우리 위에 비추소서

당신의 입김을

사철의 바뀌임도 없던
수년 간 계속된 기나긴 겨울 속
머나먼 남쪽 산도 설고 물도 설고
인적 없는 낯선 산기슭에
외롭고 서럽고 배고프고 추워서
꽁꽁 얼어 붙은 날개의 어린 작은 새

마음속 사무치게 원(願)이 된
자기 소원 이룰 날 그날을 기다리며
이제나 저제나 안타까이
눈물짓는 어린 작은 무명새

꼼짝 않는 다리와
얼어붙은 날개를 까닥여 보고는
더욱더 한숨짓는 작은 무명새

인자하신 아버지 하늘의 하나님
당신의 따뜻한 입김
인자로우신 포근한 입김으로
여기 어리고 작은 새의
꽁꽁 언 다리와 날개를 녹여 주옵소서

당신의 입김에 녹여진 날개로
부드럽고 가벼운 날개로
저 넓고 푸르른
높고 드높은 창공을
마음껏 높게 넓게
그리고 멀리 힘차게
한없이 끝없이 날고 또 날고파라

당신의 따뜻한 입김으로
당신의 인자한 입김으로
녹이사 부드러운 작은 날개로
날아가게 하여 주소서

  - 1973. 10. 21 경상도 산골에서 때를 기다리며 -

선구자들 가신 길

억울해도 울지 말라
원통해도 통곡하지 말라
원망스러워도 불평하지 말라
가슴이 파열돼도 신음하지 말라
외롭고 서러워도 울지는 말라

이 모든 일은 다 먼저 가신
우리 주님 선배 형님들 가신 길이기에
영광으로 알고 기뻐하면서 걸어가라

세상이 모르는 특별한 길
악인들이 갈 수 없는 은총의 길
영광 찬양하면서 걸어가라

가는 길에 감사와 찬양을 깔아 놓으면서
할렐루야, 영광
남은 길을 기쁨으로 가라

아빠가 다 아시는데

그대 당하는 일들
그대 고생하는 일들
그대 슬픈 일들
그대 억울한 일들을
너무 슬퍼하지 마시구려

사랑 많으신 아빠
인정 많으신 아빠
눈물 많으신 아빠가
모두 다 아시는데
모두 다 갚아 주실 텐데
모두 다 아셔서 심판하실 텐데

이제는 일어나 노래를 부릅시다
모든 것 다 아시고 갚아 주시는 아빠께

주님의 무덤에 나란히

주님 홀로 무덤에 누워 계시네
죄인의 무덤 속에 주님 홀로 누워 계시네
아무도 찾아 주지 않는 쓸쓸한 무덤에
홀로 누워 계시네
내가 누워야 될 무덤에
주님이 먼저 여기 누워 계시네
그리고 날보고는 여기 들어오지 말라고 하시네

사람들은 십자가상의 예수님은 우러러보고
보좌 위의 예수님은 찬양들 하지만
무덤 속에 홀로 누워 계신 주님은 찾는 이 없구나

주여, 저는 눈물을 뿌리며 찾아왔나이다
외로운 주님 곁에 나란히 눕고 싶어 찾아왔나이다
왜 주님만 이렇게 홀로 누워 계셔야 합니까
나 주님 동무 되어 나란히 같이 누우렵니다
날 위해 죽으신 주님이여
이제 제가 주님 곁에 나란히 누웠나이다

저는 주님의 잔치 자리나 영광의 보좌에는
같이 앉기 원치 않지만

아무도 찾아오지 않는 쓸쓸한 이 무덤에
주님과 나란히 누워 있는 이 행복만은 가지렵니다

주께서 제 소원이 무엇이냐고 물으신다면
주님과 이대로 나란히 누워 있는 것뿐이랍니다
다시 또 주께서 제 소원을 물으신다면
열 번째 백 번째 소원도 오직 이것뿐
주님과 나란히 누워 있는 것이랍니다
아무도 찾아오지 않는 이 무덤 안에

대집회 가는 날

오늘은 대집회 가는 날
호흡은 가쁘고 다리는 떨린다
밤새워 신음하며 앓고 난 몸
심한 병세는 꺾였으나
여전히 아픈 몸으로 대집회에 간다
어떻게 열흘 간 대집회를 치뤄야 할까

오, 아버지여 보시옵소서
저는 자신이 없사오나
여호와는 나의 힘이시오매 저는 갑니다
언제는 제 힘으로 하였나이까
아빠는 죽은 자를 살리시고 없는 것을 있는 것처럼
부르시는 아버지시오니
소자의 없는 건강
없는 힘을 있으라 한번 명하시면 넘치오리이다

오, 아버지
소자의 마지막 낡은 몸, 다 식어 버린 몸
송두리째 대집회 위에 던져 버리오니
아빠 뜻대로 하시옵소서

"사랑하는 내 아들아
너는 실패에 대하여는 생각지도 말아라
아빠가 친히 너를 도와주리라"

오, 아빠 감사합니다
여호와를 앙망하는 자에게
항상 새 힘 주시는 아빠
전에도 새 힘 주시고
이제도 새 힘 주시고
앞으로도 영원히 새 힘 주실 나의 친아빠께
영원토록 감사와 찬양을 드리옵나이다

아빠의 뜻을 이루신다면

아빠
제 몸이 고통해야 아빠의 뜻을 이루신다면
백번 천번 만번이라도 고통하겠나이다

아빠
제 몸이 쇠잔해야 아빠의 뜻을 이루신다면
백번 천번 만번이라도 쇠잔하겠나이다

아빠
제 몸이 시들어야 아빠의 뜻을 이루신다면
백번 천번 만번이라도 시들겠나이다

아빠
제 몸이 죽어져야 아빠의 뜻을 이루신다면
백번 천번 만번이라도 죽어 드리겠나이다

모두 아빠의 뜻대로 원대로
섭리대로 계획대로 하시옵소서
소자는 끝까지 순종의 제물 되어
기쁨으로 바치오리이다

나는 최선을 다했노라

누가 날보고
여기 왜 앉아 있느냐고 물어보면은
"나는 최선을 다했노라"고 대답하리라

주님이 날보고
여기 왜 앉아 있느냐고 물어보시면
"나는 최선을 다하였나이다" 대답하리라

아빠가 날보고
여기 왜 앉아 있느냐고 물어보시면
"나는 최선을 다하였나이다" 대답하리라

황태자

성령검 휘둘러서
마성 부수고

생명수 흘려보내
만민 구하리

天子로 태어나서
세상 못 구하면

어느 뉘 황태자라
일컬어 주랴

神의 하루 일기

흰 구름 떠 있는 넓고 넓은
우주 하늘을 힘차게 날다가
목화송이 한 알처럼 떠 있는
지구 조각별에 들러서
티끌같이 사라지는 하루살이 인생들
구원해 보려고

하루살이들 친구 되어
사귀어도 보고
하루살이와 정을 맺어
아내도 삼고
하루살이 살림 차려
살림도 하고
하루살이 자녀들을 낳아서
길러도 보았노라

이제 돌아갈 기약이 되어
뒤를 돌아다보니
따스한 솜털구름 스쳐 지나가다가
깜빡 졸다 꾼
순간의 꿈이었어라

사라진 신선님

가르쳐도 안 돼
보여 줘도 안 돼
사랑해 줘도 안 돼
야단쳐도 안 돼
생명 바쳐 희생해 줘도 안 돼

아무것도 무감각
가능성도 희망도 없는 인간들
신선은 탄식하고 탄식하다가
가르치던 것,
목숨 바쳐 희생하던 것
다 중지 포기하고는
울면서 울면서
온다 간다 말도 없이
종적 없이 사라졌다네

어디로 가셨을까
하늘로 오르셨을까
구름 타고 가셨을까

아니야 아니야
하늘에서 데려간 적도
구름 수레 보낸 적도 없어
다만 가슴이 터진 신선님 혼자서

어느 바닷가 높은 절벽에서
맑고 깊고 파란 바닷물 속으로 뛰어들은 거야
자기 몸 자기 시체도 못 찾게
큰 돌덩이를 매달아 안고서 말이야

아니야 아니야
어느 깊은 산중 바위틈 사이에서
아무도 모르게 쓸쓸히 숨을 거두셨을 거야

이것이 하늘이 인생들에게 선물로 보내 주신
神仙 스승님의 마침이었다오
회복할 길 없는 금수가 되어 버린
인간 악마들이 하늘 스승님을 그렇게 죽였다오

제단에 오르는 어린양

제단에 오르는 어린양은
자기 자유를 다 빼앗겨 버린 양이다
자기의 마음도, 자기의 계획도, 자기의 뜻도 없다
자기의 몸도, 자기의 발도 마음대로 움직일 수 없다

몸이 가려워도 긁을 수 없고
몸이 아프고 고통스러워도 움직일 수 없다
주인이 묶어 놓은 그대로 있어야 한다
그리고 잠시 후 주인이 내려치는 칼에 맞아
비명을 지르고 피를 쏟으며 죽어야 한다

이것이 수많은 양들 가운데서 영광으로 뽑혔다는
제단에 오르는 어린양이 가는 마지막 영광의 길이다

제단에 오르는 어린양은
죽기 전 꽁꽁 묶인 채 자기의 과거를 회상해 본다
끝없는 초원을 달리면서 동무들과
마음대로 풀을 뜯으며 신나게 뛰놀던 옛날
맑은 시냇물과 시원한 강가에서 친구들과
마음껏 마시며 마음껏 노래 부르던 행복한 날들
어릴 때 달밤에 엄마 가슴에 기대어 별들을 세면서

마냥 행복했던 옛날을 가만히 회상해 본다

그러던 어느 날 갑자기 주인이 찾아와서
"너는 여호와께 드려질 어린양으로 뽑혔다"고 말했다
모든 친구들과 온 양떼들은
박수를 치며 축하해 준다
영문도 모르는 천진한 어린양은
모두들 영광이라 좋아들 하니 덩달아서 좋아했다

그 후 얼마 있다가 다시 주인이 찾아와서
가자고 하므로 처음 가는 길이지만
기쁨으로 즐겨 순종하여 따라갔다
주인은 먼 길을 도착하자 아무 말 없이
어린양의 사지를 꽁꽁 묶어 버렸다
그래도 어린양은 가만히 묶이면서 혼자 생각했다
'영광으로 뽑힌 제단의 어린양은 이렇게 하는가 보다'

그런데 주인은 또다시 힘센 팔로 어린양을 안아서
이제는 높은 제단 말만 듣던
높은 제단에 올려 놓았다
그래도 어린양은 혼자 속으로 생각하기를

영광으로 뽑힌 어린양은 이렇게 하는가 보다 하며
몸을 맡겼다

제단에 오른 어린양은 제단이 좋은 줄만 알았더니
사방에서 몸을 마구 꾹꾹 찌른다
살펴보니 거칠게 쪼갠 장작더미 위에다
가만히 있어도 매우 고통스럽고 식은땀이 난다
그 위에다 따가운 햇볕은
눈을 뜰 수 없게 내려쪼인다
침은 마르고 목은 타는데
사지는 꽁꽁 묶여 죽을 것만 같다
이제는 무서운 마음이 들고 매우 두려워 떨린다

그래서 크게 울면서 엄마를 마구 불렀다
그래도 엄마는 대답이 없다
엄마는 나를 버리고 어디론지 가 버렸나 보다
어린양은 더욱 무서워서
이제는 친구들을 마구 불렀다
친구들도 저희끼리만 어디론지 가 버렸나 보다

어린양은 너무나 두려워

온몸에 식은땀만 흐르고 숨은 가쁘다
이제는 엄마 부를 힘도 친구들 부를 힘도 없다
마구 무섭고 떨리기만 한다
그렇게 사랑 많던 주인이
이제는 생각만 해도 무섭다
이제 잠시 후에는 주인이 시퍼런 칼을 들고 와서
내 목을 사정없이 내려 찌르겠지
그리고 장작더미에 시뻘건 불을 질러
그토록 아끼던 내 하얀 털도 몸도 머리도
마구 태워 나를 죽여 버리겠지

그런데 왜들 어째서 나를 보고들
영광이라고 부러워하고 손뼉들을 쳤을까
어린양은 죽음 앞에서 잠시 다시 생각을 해본다

오, 그래 내가 뽑혔을 때
엄마가 눈물을 글썽이며 말씀하셨지
"네 한 몸 제물로 드려지면
온 세상 네 친구들과 가족들은
마음껏 자유를 누리며 행복하게
영원히 살 수 있단다

그러니 얼마나 거룩한 영광이냐
그것은 아무나 못하는 거룩한 희생이란다"
하시면서 눈물짓던 엄마의 말씀이 생각이 난다
어린양은 이제야 엄마의
말씀과 눈물을 깨닫게 되었다

오! 그렇다 내가 이 제단에 오르지 않으면
내 대신 우리 친구 누군가가 와서 아무 죄도 없이
나와 같이 고통하며 무섭게 떨다가 죽어야 된다
그렇다면 내가 그 친구 대신 죽고 그 친구가
내 대신 행복하게 산다는 것이 얼마나 기쁜 일인가
마음씨 착한 어린양은
행복하게 살 친구들을 생각하니
원망과 공포의 마음은 다 사라지고
무한히 행복하기만 하다
과연 자기는 영광스럽게 뽑힘 받은 어린양
친구들을 위한 최고의 거룩하고
영광된 몸이 된 것이다

이제는 뾰족한 나무들이 몸을 마구 찔러대도
따가운 햇볕이 아무리 내려 쬐어 괴롭게 하여도

주인이 칼을 들고 와서 목을 내려 찌를지라도
시뻘건 피가 터져 나오고 죽음이 덮쳐 온다 하여도
뜨거운 불이 타올라 온몸을 다 살라 버린다 해도
무한한 기쁨과 만족감 속에 영광으로 사라지리라

다만 행복하게 살게 될 친구들의 얼굴들
행복한 모습들을 생각하면서
가슴 벅찬 기쁨을 안고서
하늘만큼이나 큰 행복감의 구름 수레에
마음이 점점 높이높이 하늘로 떠올라 간다
아, 이 얼마나 큰 영광 큰 행복인가!
제단의 어린양은 영원한 행복감 속에
조용히 눈을 감는다
만면에 웃음을 가득히 지으면서
영원히 눈을 감는다

무극의 경지에 날리

사랑은 치사한 것
사랑은 더러운 것
사랑은 골치 아픈 것
사랑은 구질구질한 것
사랑은 믿을 수 없는 것
사랑은 무섭고 두려운 것
사랑은 인간과 천사들을 악마로 변케 하는 것
아, 이 더러운 사랑의 테두리 속에서 훨훨 빠져나가
저 높은 곳, 끝없이 높은 곳
이 옹졸한 사랑의 세계와는 상관도 없는
지극히 높은 곳에 올라가리
그리고 그곳에서
무아, 무욕, 무상, 무극의
도의 경지의 거룩함을 맛보며
신다운 신의 세계에서
하나님다운 하나님의 생을 살으리
아아, 비로소 찾은 영원한 신의 행복
신의 한가로움, 신의 즐거움 속에
홀로 기쁨 누리며 영원히 영원히 살으리
무한 자유의 날개를 퍼면서 날으면서

4부

귀머거리 소경

남의 죄악을 볼 때는
날아가는 재티같이 보고

나의 죄를 볼 때는
큰 쇠고랑같이 볼 것이요

남의 결점을 볼 때는
소경이 되고

남의 약점을 말하는 곳에서는
벙어리가 되고

남의 단점을 들을 때는
귀머거리가 될 것이라

인간의 행복은 어디에

도대체 인간의 행복이란 무엇이며 어디에 있는가?
먹는 것
마시는 것
운동 오락
결혼 생활
자식 기름
취미 생활
탐구 생활
인기 생활
명예 생활
부와 번영
술 취함
방탕함
마약 환각

모두 다 헛되고 헛된 것들
모두 다 싫증과 염증으로 끝나는 것들
결국은 늙음과 죽음으로 끝나는 허황된 것들

오직 하늘 아빠와 동행하며
그 입으로 나오는 말씀 따라 확실한 진리를 따라

하늘까지 화려한 섭리의 수레를 타고서
영원한 희망과 소망을 안고서
찬란한 앞날의 미래를 설계하면서
그 꿈들 하나씩 하나씩 현실로 받아누리면서
모든 희망 소망 알차게
응답의 열매, 성취의 열매를 따먹으면서
거짓 없으신 하늘 아버지 주시는
응답의 선물 행복의 선물 받으며
사랑과 화평, 희락의 즐거움 가운데서
점점 神이 되어 불사 영생에 들어가는 것
이것이 인간의 최고 행복,
인간의 최대의 행복이 아니겠는가

욕심 악마

욕심 악마는
사람을 끌고 다니다 다니다
지쳐 버리게 한 후에 그 사람을 죽여 버린다

욕심 악마는
채우고 채워도 다 채울 수 없는
밑 없는 음부를 다 채우라고 사람을 재촉한다

욕심 악마는
쌓고 쌓아도 다 쌓을 수 없는 태산을
하늘보다 더 높이 쌓으라고 사람을 성화 댄다

욕심 악마는
오르고 올라도 다 오를 수 없는
하늘 위까지 올라가 보라고 사람을 괴롭힌다

그러다가 사람이 지쳐 쓰러질 때에는
욕심 악마는 만족한 웃음을 껄껄 웃어대면서
그 사람에게 달려들어 영원히 죽여 버린다

온 인류는 이 욕심 악마에게
끌려 다니다가 다 죽임 당했다
이 악마를 호통쳐 멀리 쫓아 버리고
한가로이 길 가는 사람
이 사람이 곧 구름 타고
하늘로 가는 신선님이시다

식욕(貪食)

살인마 탐식은 인간을 죽이고, 가정을 망치고,
세상을 무덤으로 끌고 간다
할아버지 할머니로부터 아들 며느리
그리고 손자 손녀에 이르기까지
모조리 한꺼번에 삼사대를
자자손손 모두를 죽여 땅에 묻는 살인마이다

살인마 탐식의 주무기는 간식, 과식, 야식이다
살인마의 주요 선전 책동은
"사람은 먹기 위해 태어났다"고 외치면서
"누구든지 먹어라 안 먹으면 죽는다
먹어라 먹어라 먹어야 산다"고 한다

이리하여 온 세상 사람들은 먹고 또 먹고
먹고 또 먹는다
아침 먹고 간식 먹고 점심 먹고 간식 먹고
저녁 먹고 간식 먹고
또 밤중과 새벽과 낮에 계속하여 먹고 먹고 먹는다

이리하여 제일 먼저 위가 절단난다
그리고 두뇌가 막힌다

오장육부가 망가지고
온몸 백체가 쇠약하여 병에 걸린다

병에 걸리면 살인마는 또 성화를 댄다
영양 부족으로 병이 났으니 먹어야 한다는 것이다
약과 고기와 밥을 연속 먹어야 된다고 떠벌린다

이리하여 이런 일만 반복 반복하다가
아무도 살아남질 못하고
사람들은 죽고 죽고 모두들 죽는다
할아버지도 할머니도 엄마도 아빠도 애기도
모두들 죽는다

이 살인마를 호통쳐 물리치고
간식, 과식, 야식, 폭식
다 내쫓아 버리는 사람
이 사람은 영웅이요, 승리자요
영생 불사에 들어갈 신선님이시다

색욕(性慾)

색욕이란
하나님이 씨를 받기 위한 목적으로 주신 것
이 한 목적 외로는 백해무익 불필요한 것
피로, 탈진, 정신 쇠약,
영(靈)의 혼미, 몸서리치는 질병
그리고 사망으로 끝내는 것, 이것이 세인들이
추구하는 색욕이 가져다준 마지막 선물들이다

소, 돼지, 개 그리고 참새, 제비, 꾀꼬리 동물들은
새끼를 두는 외에는 서로 간 색과는 무관한
아름다운 친구들 의좋은 남매들이다
그들은 창조주의 섭리의 법칙을 즐겨 순종하므로
완전한 건강과 최고의 행복을 누리며 살아간다

그들은 결코 피로, 쇠약, 질병 무덤을
스스로 만들지 않는다
그들은 지혜롭고 현명하게 행복을 영위한다

오직 짐승보다 더 타락한 인간들만
색욕을 추구하다가 지치고 병들어 죽는다

땅밑 두더지도 그렇지 않다
그들 역시 하나님의 명하신 씨받는 외로는
서로 간 아름답고 의좋은 남매들로
땅을 뒤지며 살아간다
땅 위에 얼굴을 내놓고 다니는 인간들만
색욕에 색욕을 추구하다 모두 다 쓰러져 죽는다

수치를 모르는 부끄러운 인간들이여
이제 기는 동물, 날으는 새만큼이라도
아름답게 살아 보지 않으려는가

참도의 경지와 거짓 道의 경지

참道의 경지는
자신은 영원히 죽어
사라지는 편을 택하여
조용히 사라지면서

불쌍한 인류를 위하여는
長生不死의 樂園에
꼭 들어가 살게 해 달라고
하나님께 숨지면서
탄원 기도하는 것이다

그리고
사람들을 만나면
아무 말이 없는 것이다
이것이 참道의 경지다

너도 살고 나도 살자
너도 영생, 나도 영생하자 하는 자들은
욕심쟁이 산적들이
값진 보물을 탈취해 놓고

자기 욕심을 마음껏 채우기 위해
뜨더귀판을 벌이는
협잡꾼들의 모습이라
결코 참道의 경지를 걷는 자들이 아니다

이들은 자기 몫이 돌아오지 않거나
자기 욕심의 만족이 채워지지 아니할 때는
당장 숨었던 악마의 근성이 폭발하여
평소 형제라고 불러 오던 옆 사람을 해치고
하나님께 달려들 가인과 같은 자들이다

참道의 경지는
자기의 유익이나 자기의 삶에 대하여는
전혀 생각지 아니하는 것이다

불쌍한 인간들

말없이 웃는
靑山이요

노래하는
流水로다

해와 달과 별은
기쁜 미소를 짓고

하늘의 하나님은
만 자녀를 사랑하시건만

인간들만
물고 뜯고
패쌈하다 죽는구나

하늘이
벌써 외면한 줄도 모르고

옥(獄) 속의 양(羊)떼들

나는 보았노라
갇혀 있는 羊들을

나는 만났노라
상하고 찢긴 羊들을

나는 잊을 수 없노라
짓밟혀 신음하는 羊들을

나는 초대했노라
창살도 법도 없는 평화의 나라로

우리는 언약했노라
영원한 자유와 행복이 넘치는 나라로
그곳에서 우리끼리 영원히 같이 살자고

헛된 인간사

헛되고 헛되고 헛되고 헛되도다
이 세상에 있는 모든 人生事가 다 헛되도다
우정도 애정도 미움도 다툼도 다 허무하여
피차 죽는 날엔 바람으로 사라지는 것

먹는 것, 마시는 것, 보는 것, 듣는 것이
다 허무하여
육체들 땅 밑으로 사라지는 날
다 無로 돌아가는 것

부귀, 영화, 권세, 보좌 다 허무하여
한낱 저녁나절 날다 떨어져 죽는 하루살이가
잠깐 졸다가 꾼 꿈들

젊음, 건강, 힘, 무용(武勇) 다 허무하여
무덤 속의 선배들이 누워서 비웃는 것들

무한대한 넓고 넓은 우주 안에
먼지보다 더 작은 인간의 몸들
먼지같이 앉았다가 먼지처럼 사라지는 인간들
무엇을 추구하며 무엇을 즐기며

무엇을 잡았다 무엇이 안전하다 하랴

다만 살아 있을 때 참하나님을 만나서
불사의 생명을 얻고
그분의 섭리의 수레바퀴 속에서
그분의 사랑을 받으며 영원히 살아
不死神이 되는 것
이것만이 인간이 잡을 것이 아닌가

전능하신 창조주 하나님

더 이상 타락할 수 없이 완전히
발밑 진흙같이 타락해 버린 죄인들을
전능하신 창조주 하나님은 토기장이 되시어
이 타락한 진흙으로
깨끗한 의인을 만들어내신다

더 이상 망가질 수 없이 완전히
발밑 진흙같이 망가져 버린 죄인들을
전능하신 창조주 하나님은
이 망가진 진흙으로
완전한 예수를 만들어내신다

더 이상 더러워질 수 없이 완전히
발밑 진흙같이 더러워진 죄인들을
전능하신 창조주 하나님은
이 더러워진 진흙으로
거룩한 하나님들로 만들어내신다

"너희 속에 착한 일을 시작하신 이(토기장이)가
그리스도 예수의 날까지 이루실 줄을 확신하노라"
(빌1:6)

그래서 하나님을
전능하신 창조주 하나님이라고 한다
그래서 하나님을
능력의 하나님, 사랑의 하나님이라고 한다
그래서 하나님은 영원토록
감사와 찬양과 영광을
홀로 받으실 수밖에 없다

진리는 영원히 빛났다

여호와는 발하신다
하나님은 명하신다

오류는 물러가라
가면은 벗겨져라

교만은 엎어져라
완고는 깨어져라

가식은 파헤쳐라
외식은 불사르라

거짓은 나타나라
이리는 내쫓으라

주 여호와의 대진리는
영원히 빛날지어다

5부

용서의 義

배신을 당했다
다른 자를 따라갔다
속이고 떠나갔다

슬퍼들 하지 말아라
그냥 웃고들 살아라

슬퍼할 시간도 웃고 살 시간도 없는 세상
잠깐 순간으로 사라지는 하루살이 인생사

자기의 죄악과 불의만 남겨 놓고 가는 인생들
이왕이면 참사랑과 용서의 義를 남기고 가면 어떠리
이런 자는 하나님이 다시 찾아 영생 주시리니

아들에게 주는 좌우명(座右銘)

사랑하는 내 아들아!
너는 어디를 가든지 부(富)나 명예(名譽)나
은총이나 칭찬이나 높음을 택하지 말지니라
부(富)보다는 빈(貧)이 나으며
영광(榮光)보다는 그늘이 나으며
유명(有名)보다는 무명(無名)이 나으며
보좌(寶座)보다는 의자가 나으며
높음보다는 낮음이 나으며
배부른 죄인(罪人)보다 궁핍한 의인(義人)이 나으며
아름다움보다는 초라함이 나으며
관심(關心)보다는 무관심(無關心)이 나으며
칭찬(稱讚)보다는 꾸지람이 나으며
은총(恩寵)보다는 먼발치 사랑이 나으며
완전(完全)함보다는 노력(努力)이 나으며
강(强)함보다는 약(弱)함이 나으며
지혜(智慧)보다는 미련이 나으며
총명(聰明)보다는 어리석음이 나으며
결혼(結婚)집보다는 초상(初喪)집이 나으며
영화(榮華)보다는 고요한 도(道)가 나으며
궁전(宮殿)보다는 초야(草野)가 나으니라
이것이 천상 천하(天上天下)에

가장 평안(平安)한 길이요
안전(安全)한 길이요
행복(幸福)한 길이요
생명(生命)의 길이니라

사랑하는 내 아들아
너는 네 평생(平生) 동안 이 말을 명심(銘心)하여
네 인생(人生)길을 가길 바란다

일일청한(一日淸閑) 일일선(一日仙)이니라

사랑하는 아내에게 바치는 글

사랑하는 당신
눈물겹게 고마운 당신

봄이 가고 여름이 가고
가을이 가고 겨울이 가고
십년이 가고 이십년이 가고
눈보라가 치고 비바람이 불어도

한결 같은 사랑
변함없는 마음으로
날 위해 희생해 준 당신에게

내 마음 깊은 감사로 이 글을 바친다오
내 영혼 깊은 감사로 당신을 노래한다오

나 또한 당신만을 영원히 사랑하리니
내 인생 이 땅 위에 두 번 세 번 열 번
다시 태어난다 해도
나는 오직 당신 오직 당신만을
나의 아내로 영접할 것이라오

저 하늘에서 내 생명이 영원함같이
당신 또한 내 곁에 영원한 벗 되어 손잡고 가리니
세상은 부부가 살다가 곧 죽으면
생명도 사랑도 곧 파멸되어 모두가 사라져 버리지만
우리의 사랑은 영원한 사랑
우리는 죽지 않는 생명과 불변의 사랑이기에
저 하늘 별들과 같이 우리는 다정스럽게
끝없는 세월 속에 끝없는 공간을 달리면서
끝없는 깊은 사랑 나누게 된다오

그래도 그래도 우리의 사랑은 시작에 불과하리니
이것이 바로 우리 아빠께서 주신
영원한 천국의 영원한 사랑이라오

오늘 하루만 승리하라

오늘 최대의 승리를 거두었다
온 하늘 우주 앞에 나는 외치노라
이토록 영광스런 승리 오늘 거두었으니
내일 사단이 최악을 몰고 오는 것
나에게는 아무 상관이 없다

오직 친아빠는 나에게 오늘 하루만 주셨거늘
아빠가 주시지 않은 내일과
나는 아무 상관이 없다
오직 오늘 전쟁의 승리는 나의 영원한 승리
영원히 하늘의 기록에 남아 있을
나의 영원한 승리이다

오늘마다의 전쟁에서 참패한 사단은
내일의 승리 망상만을 꿈꾸며 달아나고 있지만
나는 오늘마다의 전쟁에서
알찬 승리를 거두어 왔다
밤에는 친아빠 주신 침상에서
무한한 행복을 그리면서 잠을 이룬다
내일과는 아무 상관없는 몸과 마음으로
행복한 잠을 잔다

아 나에게 오늘 단 하루만 주신
나의 친아빠께 감사하노라
그리고 오늘 하루 사단을 넉넉히 이길 힘과
능력을 주신 아빠께 감사하노라

나 또한 오늘 하루의 승리의 월계관을
친아빠께 온전히 바치노라 할렐루야!

십계천국 주신 아빠께 감사

다시는 무시하는 자 없는 세상
다시는 멸시하는 자 없는 세상
다시는 비웃는 자 없는 세상
다시는 비난하는 자 없는 세상
다시는 비방하는 자 없는 세상
다시는 욕하는 자 없는 세상
다시는 훼방, 헐뜯는 자 없는 세상
다시는 깎아 내리는 자 없는 세상
다시는 원수 맺는 자 없는 세상
우리 나라 좋은 나라 십계천국을 주신
우리 친아버지께
영원한 감사를 드리나이다

다시는 두 마음 품은 자 없고
다시는 두 양심 가진 자 없고
다시는 두 눈으로 쳐다보는 자 없고
다시는 째려보는 자 없고
다시는 노려보는 자 없고
다시는 도끼 눈 가진 자 없고
다시는 앙심 품는 자 없고
다시는 험담하는 자 없고

다시는 토라지는 자 없고
다시는 부부 싸움 없는 나라
우리 나라 좋은 나라 십계왕국을 주신
우리 친아버지께
영원히 감사 드립니다

다시는 포학자 없고
다시는 폭언자 없고
다시는 주먹질하는 자 없고
다시는 발길질을 하는 자 없고
다시는 손가락질하는 자 없고
다시는 칼 든 자 없고
다시는 총 든 자 없고
다시는 사람을 해치는 자 없는, 영원히 없는
우리 나라 좋은 나라 십계천국을 우리에게 주신
우리 친아버지께
영원한 감사 찬양 드립니다

서로 존경하는 눈빛으로 바라보고
서로 사랑하는 눈빛으로 바라보고
서로 다정한 눈빛으로 바라보고

서로 아껴 주고 서로 위해 주며
서로 사랑하며 서로 칭찬하고 서로 높여 주며
서로 받들어 주며 사는 나라
우리 나라 좋은 나라 십계천국에 살게 해주신
우리 친아버지께
영원한 감사 찬양을 드리나이다

서로 귀하게 여기며 서로 귀중하게 생각하며
서로 고마워 인사하며 서로 찬양으로 화답하며
서로 감사하는 나라
우리 나라 좋은 나라 십계천국에서 살게 해주신
십계가정에서 살게 해주신 우리 친아버지께
영원한 감사와 찬양, 영광을 드리나이다

이 행복의 나라, 아빠 선물 하신 나라
십계천국 영원히 잘 지켜 행복하게 살면서
영원히 아빠께
감사 찬양 영광 경배를 드리겠나이다

돌나라 한농복구회여

새 아침 이슬처럼 영롱하게 빛나는
돌나라 「한국 농촌 복구 청년 불빛회」여!
새 아침 태양처럼 힘차게 떠오르는
돌나라 「지구 환경 회복 청년 불빛회」여!

너는 누가 낳은 자녀이기에
이토록 아름답고 어여쁜 빛난
얼굴을 가지고 태어났더냐
너는 뉘에게 힘과 능력 받았기에
이토록 힘찬 새 아침 태양으로
온 세상을 비추이느냐
너는 누구이기에 세상의 성자들도,
하늘의 천사들도,
하나님의 아들들도 감히 할 수 없었던
이 영광스런 지구 회복 사업을 완성하렸더냐

너는 어떻게 자기밖에 모르는
이기심 욕심으로 배가 터지던 인간들의 마음을
무아(無我) 무욕(無慾) 무상(無想)의
마음으로 바꾸어 놓았더냐
너는 어떻게 그토록 악마 같던

인간의 비정한 마음을
이토록 온 인류를 자기 몸보다
더 사랑하는 사랑의 마음
하나님의 마음으로 바꾸어 놓았더냐
너는 어떻게 짐승보다 더 음란하던 인간의 마음을
이토록 거룩한 천사의 마음으로 바꾸어 놓았더냐
너는 어떻게 자기 친구 하나, 자기 자신 하나
구(救)치 못하던 무력한 인생으로
온 인류를 구원하는
구세주들로 만들어 세워 놓았더냐

아, 영광스럽다!
영롱한 새 아침 빛난 돌나라 한농복구회
빛의 자녀들이여!
아, 장하도다!
영광스런 구세주
하나님이 띄우신 인자(人子) 태양계들이여!
너희를 띄우신 하나님은
과연 천지의 창조주 우주를 돌리시는
참하나님이시요
너희를 낳으신 분은 과연 우주의 통치자

만왕의 왕 만주의 주
참하나님이 과연 너희의 친아버지시로다

영원히 빛나여라 돌나라 한농복구회여!
영원히 행복하여라 돌나라 지구 회복 성민들이여!
영원히 영원히 복되어라
하나님이 낳으신 아들 하나님, 딸 하나님들이여!
영원히 감사 찬양 드리어라
너희를 낳으신 유일하신 참하나님
너희의 친아버지께 영원토록 영광 찬양 돌리어라

다 이루었다

나는 다 이루었다
내 아버지의 창세 전부터의 모든 계획을
나는 다 이루었다
내 아버지의 영원한 섭리를 나는 다 이루었다
내 아버지의 영원한 진리를 나는 다 이루었다

창세기로부터 계시록까지
나는 모든 성경의 주인공이 되어 다 이루었다
하늘과 땅의 모든 비밀의 계시들을
나는 다 열어 놓았다
사도 요한이 가슴을 치며 크게 통곡했던
하늘과 땅에서 아무도 떼거나 열 수도 없는
일곱 인을 다 떼어 펼쳐 놓았다

우주의 신비들은 다 펼쳐졌다
하늘의 모든 비밀들은 다 공개되었다
영원한 오묘들은 다 드러났다
하나님의 깊은 것까지도 다 나타났다
하나님의 깊은 마음 깊은 심정까지도
다 우주에 광포되었다

영원히 파괴되었던 하늘과 땅은
이제 하나로 결합이 되었다
하늘 아버지와 이 땅의 탕자들이
한 집에서 영원히 같이 살게 되었다

이제 나는 모든 것을 다 이루었다
이제 나는 세상에서 나의 할 일을 다 마쳤다

내 아버지여!
이 소자 아버지의 뜻을 다 이루었나이다
이제 이 소자를 아버지의 영원한 품속으로
다시 데려가시옵소서
그리고 세상에 있는 내 형제들도
나와 함께 있기를 원하나이다

새 세상의 주인들

높은 산이 부르네 먼 바다가 부르네
하늘에서 부르네 하나님이 부르네
새 세상 차지할 주인들을 부르네
새 세상에서 뛰놀을 아이들을 부르네

누가 누가 대답할까 누가 누가 주인 될까
질병 없는 행복 나라 죽음 없는 영원 나라
새 세상 차지할 주인들을 부르네
새 세상에서 뛰놀을 아이들을 부르네

누가 누가 주인 될까 누가 누가 차지할까
에녹처럼 허유처럼 신선 된 자 주인 되지
새 세상 차지할 주인들을 부르네
새 세상에서 뛰놀을 아이들을 부르네

누가 누가 주인 될까 누가 누가 차지할까
물이 된 자 발이 된 자 형제 위해 소금 된 자
새 세상 차지할 주인들을 부르네
새 세상에서 뛰놀을 아이들을 부르네

누가 누가 주인 될까 누가 누가 차지할까
밥 안 먹고 사는 사람 에덴 낙원 회복자들
새 세상 차지할 주인들을 부르네
새 세상에서 뛰놀을 아이들을 부르네

누가 누가 주인 될까 누가 누가 차지할까
우주 대왕 친자녀들 하나님이 된 사람들
새 세상 차지할 주인들을 부르네
새 세상에서 뛰놀을 아이들을 부르네

누가 누가 주인 될까 신이 된 자 주인 되지
하나님의 신부들로 꼬까 단장 마친 자들
새 세상 차지할 주인들을 부르네
새 세상에서 뛰놀을 아이들을 부르네